Lucy Daniels

Tierklinik Pfötchen
Ein Kaninchen mit Bauchweh

Alle Titel von **Tierklinik Pfötchen**:

Lucy Daniels

Tierklinik Pfötchen

Ein Kaninchen mit Bauchweh

Aus dem Englischen übersetzt
von Sandra Margineanu

 Band 2

 Loewe

Mit besonderem Dank an Janet Bingham
Für Thomas

ISBN 978-3-7432-0544-4
2. Auflage 2021
erschienen unter dem Originaltitel *Animal Ark – Bunny Trouble*
Copyright Text: © 2018 Working Partners Limited
Copyright Innenillustrationen: © 2018 Working Partners Limited
Copyright Umschlagillustration: © 2019 Jo Anne Davies
Alle Rechte vorbehalten.
Erschienen in der Originalserie *Animal Ark*
Für die deutschsprachige Ausgabe © 2020 Loewe Verlag GmbH, Bindlach
Aus dem Englischen übersetzt von Sandra Margineanu
Umschlaggestaltung: Ramona Karl
Printed in the EU

www.loewe-verlag.de

Zurück in Welford

Amelie Hayland beugte sich vor und umarmte ihren Vater, der bereits im Auto saß.

„Sei brav und hör auf Mama und Oma", sagte er. „Und wenn du nicht brav sein kannst ..."

„... sei wenigstens vorsichtig", beendete Amelie den Satz. Ihr Vater schmunzelte. Amelie musste sich immer noch daran gewöhnen, dass sie nicht mehr mit ihrem Vater zusammenlebte. Nach der Scheidung war er in ihrem Haus in York geblie-

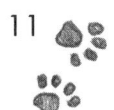

ben und sie war gemeinsam mit ihrer Mutter zu ihrer Oma aufs Land gezogen. Seitdem verabschiedete sich ihr Vater jedes Mal mit diesem Spruch von Amelie.

Liebevoll wuschelte Amelies Papa ihr durch die langen blonden Haare. „Wir sehen uns übernächsten Samstag", meinte er. „**Viel Spaß** in der Schule. **Du schaffst das schon!**"

Amelie wurde mulmig, denn morgen würde der erste Tag in ihrer neuen Schule sein.

Nachdem ihr Papa weggefahren war, drehte Amelie sich um und blickte auf die rote Haustür ihres neuen Zuhauses. Neben der Veranda wuchs ein großer Weißdornbusch. Eine Amsel pickte Futter aus dem Vogelhäuschen und Bienen krabbelten über den duftenden Lavendel. Nach dem Wochenende in York, mit den vollen Straßen und den belebten Geschäften, fühlte es sich komisch an, wieder auf dem Land und umgeben von so vielen Tieren zu sein.

Amelie öffnete und schloss die Haustür besonders vorsichtig, denn sie wollte die Amsel nicht stören. Dann ging sie in die Küche, wo ihre Oma Carla gerade Teetassen wegräumte und ihre Mutter bereits Gemüse für das Abendessen schnitt.

Beide lächelten, als Amelie hereinkam. Amelie grinste zurück. Obgleich die Haare ihrer Oma kurz und ordentlich frisiert waren und ihre Mutter genauso lange Haare wie Amelie hatte, sahen sich die beiden mit ihren strahlend blauen Augen sehr ähnlich.

„So strahlend blau sind meine Augen auch", dachte Amelie. Papa behauptete immer, sie sähe aus wie ihre Mutter.

„Erzähl uns von deinem Wochenende", sagte ihre Mutter neugierig. „Du hattest bestimmt eine schöne Zeit mit deinem Vater."

„Es war **echt toll**", erwiderte Amelie. „Am besten war es im Kino. Aber ich habe Welford auch vermisst – und die Kätzchen!"

Sie und ihr neuer Freund Sam hatten neugeborene Kätzchen in der Garage von Sams Eltern

gefunden. Die Jungen waren hilflos und allein gewesen. Aber Amelie und Sam hatten die Katzenmama schließlich gefunden und die kleine Familie wieder vereint. Gerade noch rechtzeitig, um das Leben der winzigen Kätzchen zu retten. Die Katzenfamilie war jetzt in der Tierklinik Pfötchen. Dort kümmerten sich die Tierärzte um sie, bis die Kätzchen alt genug waren, auf eigenen Beinen zu stehen und von der Mutter getrennt zu werden.

„Darf ich sie besuchen gehen?", fragte Amelie. „Ich klingle unterwegs bei Sam und frage ihn, ob er mitkommen will."

Ihre Oma sah aus dem Fenster. „Das brauchst du nicht. Da kommt er schon!"

Amelie grinste. Durch das Fenster sah sie ihren Freund Sam und Mac, seinen süßen Terrier, durch den Garten kommen. Sie rannte zur Tür und öffnete ihnen.

Mac sprang an ihren Knien hoch, bellte fröhlich und wedelte mit dem Schwanz. „**Hallo,** Sam!", begrüßte Amelie ihren Freund. „**Hallo,** Mac!" Sie kniete sich hin, streichelte dem Hund über sein dichtes weißes Fell und kraulte ihn hinter den Ohren.

Sams dunkle braune Augen glänzten vor Aufregung. „**Hallo,** Amelie", sagte er. „Ich glaube, Mac hat dich sehr vermisst. Willst du mit uns die Kätzchen besuchen?"

Amelie lachte. „**Na klar! Kommt!** Ich kann es kaum erwarten, endlich wieder in der *Tierklinik Pfötchen* zu sein!"

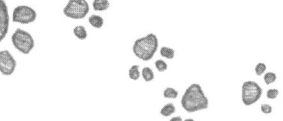

Ein Besuch bei den Kätzchen

Vor der Tierklinik verabschiedete sich Mr Hope, der Tierarzt, gerade von einer Frau mit einem lebhaften Hund. Das Tier war eine Kreuzung aus Cockerspaniel und Pudel und trug einen Schutzkragen aus Plastik um den Hals.

„Balu muss den Kragen tragen, bis die Stiche komplett verheilt sind", erklärte Mr Hope gerade der Besitzerin. Als er Amelie, Sam und Mac bemerkte, winkte er ihnen zu. „**Hallo!** Ihr drei wollt

18

bestimmt die Katzenfamilie besuchen. **Kommt rein.**"

Sie folgten Mr Hope in den Eingangsbereich der Tierklinik. Amelie blickte sich um. Sonntags sah es hier ganz anders aus: Alle Stühle waren leer und niemand saß am Empfangstresen. Die Zeitschriften waren fein säuberlich gestapelt auf dem kleinen Beistelltisch und an den Wänden hingen Poster mit vielen Informationen für Tier-besitzer. Neben der Tür war ein Aushang ange-bracht, auf dem zwei schwarz-weiße Kaninchen abgebildet waren. Darauf stand *Zwei süße Kaninchenschwestern suchen ein neues Zuhause!*

Amelie lächelte. Die Kaninchen sahen wirklich sehr niedlich aus.

19

„Ihr könnt Mac hierlassen, solange wir im Hotel sind", sagte Mr Hope.

„**Platz, Mac!**", befahl Sam und hängte die Leine des Terriers über einen Haken an der Wand. Mac ließ sich auf den Bauch plumpsen und wedelte mit dem Schwanz. Sam strich ihm über den Kopf. „**Braver Junge!**"

Mr Hope führte sie in das „Hotel", den gemütlichen Raum im hinteren Teil der Tierklinik. In diesem Raum blieben kranke Tiere über Nacht, wenn es ihnen besonders schlecht ging. Große, gemütliche Käfige standen auf dem Boden und kleinere obendrauf. In einem der unteren Gehege lag ein alter Hund mit weißer Schnauze und verbundenem Bein. Er öffnete ein Auge und schloss es sogleich wieder.

Mrs Hope, die Tierärztin, lehnte sich über einen

der Käfige. Ihr Gesicht hellte sich auf, als sie
Amelie und Sam sah. „**Schaut mal**", sagte sie.

Die Freunde linsten vorsichtig in das Gehege.
Vor Aufregung kribbelte es in Amelies Bauch.

Karamell, die Katzenmutter, lag auf einem
Wärmekissen. Sie blickte zu Amelie und Sam
hinauf und schnurrte zufrieden. Ihre vier Jungen
lagen neben ihr und tranken Milch. Drei von

ihnen waren so weiß-braun-rot gefleckt wie ihre Katzenmama, aber das vierte Kätzchen hatte rot-orangefarbenes Fell. Mit ihren winzigen Pfötchen stupsten sie ihrer Mutter zärtlich gegen den Bauch. Ab und zu stieß eines der Jungen ein sanftes, zufriedenes Fiepen aus.

„Seit wir sie gefunden haben, sind sie schon ganz schön gewachsen", meinte Sam überrascht.

Amelie nickte. „Sogar das kleine rote Kätzchen." Ihr schauderte bei der Vorstellung, dass dieses Kätzchen beinahe gestorben wäre, kurz nachdem sie es gefunden hatten.

„Karamell kümmert sich sehr gut um sie", sagte Mrs Hope.

„Wie lange müssen die Kleinen denn noch bei ihrer Mama bleiben?", fragte Sam.

„Bis sie mindestens acht Wochen alt sind",
antwortete Mrs Hope. „Also noch etwa sechs
Wochen."

Amelie und Sam sahen sich an. Amelie wusste,
dass er dasselbe dachte wie sie: Sie hatten nur
noch sechs Wochen Zeit, ein Zuhause für die
Kätzchen zu finden. Die zwei Freunde hatten
Karamell auf dem Bauernhof von Mr Stevens
entdeckt. Der Bauer hatte zugestimmt, Karamell
und eines der gefleckten Kätzchen zu sich auf
den Hof zu nehmen. Die Kleine hatte er wegen
ihrer weißen Schwanzspitze Schneeglöckchen
genannt. Aber die anderen drei Kätzchen brauch-
ten noch neue Besitzer und Amelie war fest entschlossen, welche zu finden.

„Und dann werden mich Mr und Mrs Hope für
immer in der *Tierklinik Pfötchen* helfen lassen",

23

dachte Amelie verträumt. Die Tierärzte hatten ihr vor Kurzem gesagt, dass sie dafür noch zu jung sei, aber Amelie wünschte sich nichts sehnlicher auf der Welt.

„Es gibt noch viel zu tun, bevor die Kätzchen ihre Mutter verlassen können", erklärte Mrs Hope. „Wir müssen sie an Berührungen gewöhnen und jeden Tag mit ihnen spielen. Die Tiere müssen sich an Menschen gewöhnen, solange sie klein sind. Dann werden sie später gute Haustiere."

Amelies Herz machte einen Hüpfer. Das war eine neue Gelegenheit, den Tierärzten zu beweisen, was in ihr steckte. „*Wir* könnten mit ihnen spielen. **Nicht wahr**, Sam?", schlug sie vor.

Sam nickte. „**Na klar!** Wir kommen jeden Tag nach der Schule vorbei."

„**Wunderbar!**", meinte Mrs Hope. „Mit eurer Hilfe wachsen die Kätzchen zu perfekten Hauskatzen heran."

Eines der gefleckten Kätzchen hörte auf einmal auf zu trinken. Es rollte sich von Karamell weg und stemmte sich mühsam auf seine kleinen Pfoten. „**Oh!**", hauchte Amelie. „Seine Augen haben sich geöffnet. Sie sind hellblau!"

„Katzenbabys öffnen ihre Augen etwa eine Woche nach der Geburt", erklärte Mr Hope. „Schon bald wird sich die Augenfarbe ändern. Eigentlich entwickeln sich junge Kätzchen jeden Tag ein kleines bisschen. Die Kleinen fangen gerade an zu laufen, aber schon ganz bald werden sie blitzschnell herumrennen. Vielleicht ist jetzt ein guter Zeitpunkt, ein wenig mit ihnen zu üben." Der Tierarzt öffnete die Gittertür des

Geheges und streichelte Karamell sanft über den Kopf. Dann nahm er eines der gefleckten Kätzchen und reichte es Amelie.

Amelie wurde ganz warm vor Freude. Sie spürte den festen kleinen Körper unter dem weichen Fell und die gepolsterten Unterseiten der winzigen Pfötchen. Das Kätzchen stupste mit

seinem Köpfchen gegen Amelies Daumen und schnupperte an ihrer Handfläche. Amelie strich ihm vorsichtig über die Ohren. Die Ohren waren noch nicht geöffnet, sondern lagen noch recht flach an. Amelie berührte das Maul des Kätzchens und das Tier schleckte ihr mit seiner rauen Zunge über die Fingerspitze.

Sam kuschelte mit dem anderen gefleckten Kätzchen. „Sie in den Händen zu halten ist wie Magie", wisperte er. Amelie nickte zustimmend.

Mrs Hope knuddelte mit dem roten Kätzchen und Mr Hope nahm sich Schneeglöckchen. Karamell sah zu ihnen hinauf und blinzelte zufrieden.

Nach einer Weile setzten sie die Kätzchen vorsichtig auf einer weichen Matte ab, die auf dem Boden lag. Auf wackeligen Beinen tapsten die Kleinen aufeinander zu. Mrs Hope holte ein

Stück Bindfaden und wedelte damit zwischen ihnen herum. Die Kätzchen versuchten, den Faden mit ihren winzigen Pfoten zu erwischen. Aber schon bald legten sie sich hin und fingen an zu gähnen.

„Zeit, dass ihr zurück zu eurer Mama kommt", murmelte Mrs Hope.

Amelie half der Tierärztin, die Kätzchen wieder in das Gehege zu setzen. Karamell putzte die Kleinen liebevoll und schnurrte dabei. Die Kätzchen rollten sich neben ihr zusammen und schliefen ein. Amelie schlang glücklich die Arme um sich.

„Morgen können sie wieder spielen", sagte Mrs Hope.

Amelie lachte. „**Wir werden da sein!**"

Sie gingen zurück in den Empfangsbereich.

„Hoffentlich war Mac brav", meinte Sam. Aber als er die Tür öffnete, schnappte er nach Luft: Mac war nirgendwo zu sehen.

„**Mac!**", rief Sam. „Wo bist du?"

Sie sahen unter den Stühlen nach und fanden den Hund schließlich unter dem Empfangstresen. Dort lag er hinter dem Papierkorb und kaute auf etwas herum. Es war schwarz und glänzte. Amelie streckte ihre Arme aus, umklammerte Macs weichen Bauch und hob ihn hoch. Sam nahm ihm den seltsamen Gegenstand aus dem Maul. Es war ein Stöckelschuh.

„**Ups!**", sagte Sam. „Julia lässt ihre Arbeitsschuhe am Wochenende wohl unter dem Tresen stehen." Er betrachtete den Schuh sorgfältig.

„**Zum Glück** ist er nicht kaputt, nur ein wenig vollgesabbert." Er wischte den Schuh an seinem

Pulli ab und stellte ihn zurück unter den Empfangstresen.

„**Puh!** Zum Glück haben wir Mac rechtzeitig
gefunden", meinte Amelie erleichtert.

Sam nickte. „Gehen wir lieber nach Hause,
bevor Mac noch auf etwas anderem herumkaut."

Gemeinsam gingen sie zur *Alten Mühle*, dem
Gästehaus von Sams Eltern. Mac lief an der Leine
voraus.

„Ist Mac mittlerweile stubenrein?
Wie klappt es damit?", fragte Amelie neugierig.

„**Ziemlich gut.** Er hat das ganze
Wochenende nicht ins Haus gemacht.

Stattdessen kaut er aber auf allen möglichen Dingen herum." Sam machte ein betrübtes Gesicht. „Er hat sogar ein Loch in die Fußmatte gebissen. Mama und Papa haben sich sehr geärgert."

Amelie machte sich auf einmal Sorgen. Sie wusste, dass Sam den jungen Hund wieder abgeben musste, wenn er ihm kein gutes Benehmen beibrachte. Seine Eltern durften es nicht riskieren, dass ein frecher Hund ihre Gäste verjagte.

Sam ließ traurig die Schultern hängen.

„Mach dir keine Gedanken!", munterte Amelie ihn auf. „Wir zwei üben mit ihm und dann wird er das beste Benehmen in ganz Welford haben!"

Sam versuchte zu lächeln. „**Danke.** Freust du dich schon auf morgen?"

Amelie seufzte. „Ich weiß nicht ... ich habe versucht, nicht an den ersten Schultag zu denken. Wie ist die Schule denn so?"

„Spaßig, also für Schule jedenfalls. Außerdem kommst du in meine Klasse, schon vergessen?"

Amelie nickte. „Ich bin so **froh**, dass wir schon Freunde sind."

„Ich auch", stimmte Sam zu. „Aber keine Angst, alle sind total nett."

„Das hat Papa auch gesagt", dachte Amelie. Und doch machte sie sich große Sorgen. Hoffentlich hatten die beiden recht!

Amelies erster Schultag

Am nächsten Morgen stand Amelie nervös vor
der Tafel in ihrem neuen Klassenzimmer. Ihre
Lehrerin, Miss Hamid, trug ein hübsches flieder-
farbenes Kopftuch und eine dazu passende
Jacke. Sie hatte freundliche Augen und eine
klare Stimme. Amelie fand sie nett.

„Kinder, das ist Amelie", sagte sie und lächelte
Amelie zu. „Sie gehört jetzt zu uns. Begrüßt sie
bitte."

Die ganze Klasse starrte Amelie an. „**Hallo!**",
erklang es im Chor.

Genau wie in ihrem alten Klassenzimmer waren
die Tische auch hier zu Gruppentischen zusam-
mengeschoben. Im hinteren Teil des Raumes

stand ein Glaskasten mit Pflanzen und dicken Holzscheiten. Amelie war furchtbar nervös. Aber dann entdeckte sie Sam und fühlte sich gleich etwas besser.

„**Willkommen,** Amelie", sagte Miss Hamid. „Erzähle uns doch etwas über dich."

Amelie rieb sich mit der rechten Fußspitze über die Wade ihres linken Beins. „Ähm ..." Ihr fiel keine einzige Sache ein. Sam sah sie an und grinste aufmunternd. „Also, ich ... äh ... **ich mag Tiere!**"

„Dann wirst du dich bestimmt gut mit Isa verstehen", überlegte Miss Hamid laut. „Hier, setz dich neben sie."

Amelie setzte sich auf den Platz, den Miss Hamid ihr zeigte. Isa schaute sie unter ihrem Pony hervor an und sah dann gleich wieder weg.

„Holt eure Mathebücher heraus", sagte Miss Hamid. „Amelie, du kannst bei Isa reinschauen."

Die vier anderen Kinder am Tisch unterhielten sich und beachteten Amelie nicht weiter. Isa schob das Buch zu Amelie herüber, ohne sie dabei anzusehen. „Vielleicht ist sie einfach schüchtern", überlegte Amelie.

Sie bemerkte die vielen kleinen Meerschweinchen auf Isas Federmäppchen und die Kaninchenaufkleber auf ihrem Mathebuch. „Die sind **toll**", flüsterte Amelie begeistert und deutete auf die Aufkleber.

„**Danke**", sagte Isa, aber das war auch schon alles.

Amelie biss sich auf die Lippe. „Miss Hamid hat

 36

wohl unrecht. Isa scheint mich überhaupt nicht zu mögen", dachte sie enttäuscht.

Während sie und Isa zu rechnen begannen, kam Amelie Chloe, ihre Freundin in der alten Schule, in den Sinn. Chloe hatte ihr gestern Abend eine Nachricht geschickt, mit einem Foto von sich und ihren anderen Freundin-  nen Nathalie und Alex. Sie hatten eine Übernachtungsparty veranstaltet. Alle lachten glücklich in die Kamera und trugen Schlafanzüge mit Tiermustern.

Amelie seufzte. Für einen Moment fühlte sie sich sehr einsam. „Ich wünschte, meine Freundinnen wären hier."

In der Klasse wurde es ruhiger und die Schüler arbeiteten konzentriert. Nach dem Matheunter- richt machten sie ein lustiges Buchstabierspiel.

Der Vormittag verging nur sehr langsam und Amelie sehnte sich nach der Pause.

„Alle mal herhören! Als Hausaufgabe für diese Woche sollt ihr euer Traumhaus entwerfen", erklärte Miss Hamid schließlich. „Aus was besteht es? Wie sieht es aus? Denkt gut darüber nach."

Plötzlich fingen alle an zu quasseln. Ein rothaariger Junge an Amelies Tisch sagte: „Ich weiß, wer in einem perfekten Haus wohnt – Mrs Grantling. Es sieht aus, als würde es darin **spuken!**"

Die anderen Kinder lachten, aber Amelie bemerkte, dass Isa nicht einmal lächelte.

„Wer ist Mrs Grantling?", fragte Amelie den rothaarigen Jungen.

„Du würdest sie sofort erkennen, wenn du ihr begegnest", antwortete er und lachte.

„Thomas hat recht", sagte der andere Junge am Tisch. „Sie ist **unheimlich!**"

Ein Mädchen nickte. „Sie sieht aus wie eine **Hexe!**" Das Mädchen zog eine Grimasse und lachte krächzend.

„Das denken sie sich bestimmt nur aus", dachte Amelie, aber sie musste trotzdem kichern.

Da klingelte es zur Pause und alle Kinder eilten zur Tür. Sam drängte sich zu Amelie durch.

„Hey, Amelie!", sagte er. „Ich bin mit dem Füttern der Geckos dran. Willst du mir helfen?"

Amelie grinste. „**Na klar!**"

Die Geckos lebten in dem Glaskasten ganz hinten im Klassenzimmer. Darüber hing ein Schild mit Informationen. „Dieser Glaskasten ist ein Terrarium", las Amelie laut vor. „Wusstest du, dass Geckos Millionen winziger Härchen an den

Füßen haben? Aus diesem Grund können sie
überall entlangklettern – sogar kopfüber!"

Sam schob den Deckel auf und Amelie spürte
die warme Luft, die aus dem Inneren des Glaskastens herausströmte. Sie sah ein Wasserschälchen,

Pflanzen, einen Kletterast und einen dunklen Nistkasten, der wie eine Höhle aussah. Aber Geckos entdeckte sie nicht.

Sam klapperte mit einer Schachtel Mehlwürmer und plötzlich bewegte sich in dem Nistkasten etwas. Sam ließ ein paar Würmer in das Terrarium fallen. Amelie war überrascht, denn die Mehlwürmer zuckten.

„Die leben ja noch. **Igitt!**"

„Eklig, oder?", meinte Sam. „Aber man gewöhnt sich dran."

Amelie schnitt eine Grimasse, sah Sam aber trotzdem weiter zu. „Wenn ich groß bin, möchte ich unbedingt Tierärztin werden. Mr und Mrs Hope sehen bestimmt ständig eklige Sachen", sagte sie.

Einen Augenblick später kam einer der Geckos

aus der Box heraus. Er hatte glänzende Augen und zuckte nervös mit seinem Hals. Mit gespreizten Zehen sauste der Gecko blitzschnell los und schnappte sich einen Mehlwurm.

„Da ist der andere", flüsterte Sam, als ein zweiter Gecko aus der Box krabbelte. Amelie konnte seine rosa Zunge hervorschnellen sehen, als er sich einen Wurm schnappte. Die zwei Geckos sahen sich sehr ähnlich. Beide hatten schuppige sandfarbene Haut mit dunklen Flecken. „Man nennt sie Leopardengeckos", sagte Sam. Amelie verstand sofort, warum.

„Wie heißen sie?", fragte sie.

„Draco und Lucius. Sie sind fast ausgewachsen."

„Sie sind **echt toll**", schwärmte Amelie.

Als die Geckos aufgefressen hatten, schob Sam den Deckel des Glaskastens vorsichtig wieder zu. Dann gingen sie raus in die Pause. An den Schulhof schloss sich ein Sportplatz an, der unendlich groß erschien. Auf den Asphalt des Schulhofes waren Zahlen- und Hüpfspiele gemalt. Überall wurde gelacht, geplappert und herumgerannt. Amelie war auf einmal wieder nervös.

„Also, wie gefällt es dir hier?", fragte Sam. „Miss Hamid ist nett, oder?"

Amelie nickte. „Aber Isa mag mich nicht. Sie hat kein Wort mit mir geredet."

„**Komisch!** Isa ist normalerweise sehr freundlich." Er sah sich suchend um. „**Da ist sie ja**, neben dem Fußballtor."

Isa lehnte an der Mauer und stützte sich mit

einem Fuß ab. Sie ließ den Kopf hängen und hatte die Hände in die Taschen gesteckt.

Niemand war bei ihr.

„Ist sie immer allein?", fragte Amelie. Sie erinnerte sich an die Einsamkeit, die sie vorhin plötzlich überkommen hatte, als sie an Chloe und ihre anderen Freundinnen gedacht hatte.

Sam schüttelte den Kopf.

„Vielleicht stimmt etwas nicht", vermutete Amelie. „Was könnte es nur sein?"

Nach der Schule lief Amelie schnell nach Hause
zu Mama und Oma und aß mit ihnen zu Mittag.
Danach ging sie zu Sam ins Gästehaus.

„Alles in Ordnung mit dir, Amelie?", fragte
Sam. Sie standen in der Eingangshalle und Sam
legte Mac die Leine um. „Du bist so still."

Amelie seufzte. „Heute ist irgendwie ein komi-
scher Tag. In der Schule musste ich an meine
alten Freundinnen denken. Ich vermisse sie sehr.
Sie haben so viel Spaß – **ganz ohne
mich**."

„Wir haben auch Spaß", meinte Sam.

„Ich weiß", sagte Amelie lächelnd.

Mac bellte und schleckte ihr die Hand ab.

45

„Mac sagt, dass er dein Freund ist", erklärte Sam.

„**Danke**, Mac", sagte Amelie lachend. Sie kniete sich hin und streichelte Mac über das flauschige Fell. „Du bist ein wundervoller Freund."

„Isa hatte bestimmt nur schlechte Laune", meinte Sam. „Wir könnten sie doch fragen, ob sie mit uns zu den Kätzchen gehen will. Wenn sie irgendein Problem hat, geht es ihr bestimmt besser, wenn sie die Kätzchen streichelt."

„**Gute Idee!**", stimmte Amelie zu.

Sam hielt Mac einen Gummiknochen vor die Nase. „**He**, Mac, schau mal, was Papa dir gekauft hat. Auf diesem Knochen darfst du herumkauen. Der schmeckt viel besser als Schuhe!"

Der kleine Hund sah Sam fragend an und jaulte zweifelnd.

Amelie lachte. „Ich glaube, er versteht dich nicht."

Sam seufzte. „Er will immer nur auf Sachen herumkauen, die er nicht haben darf."

Auf dem Weg zu Isas Haus kamen sie am Enten-teich vorbei. Eine ältere Frau fuhr auf ihrem Fahr-rad mit einem Korb voller Einkäufe an ihnen vorbei. Sie trug eine violette Jacke. Ihr langer Schal hatte sich gelöst und wehte hinter ihr her. Als sie an ihnen vorbeiradelte, machte Mac plötz-lich einen Satz nach vorne und schnappte nach dem Schal.

„**Lass los**, du dummer Hund!", kreischte die Frau.

„**Mac, nein!** Beiß da nicht rein!", schrie Sam
und stürzte seinem Hund hinterher.

Die Frau griff nach ihrem Schal und zerrte
daran. Plötzlich brach das Fahrrad zur Seite aus
und die Räder fanden keinen Halt mehr auf dem
sandigen Weg. Mac ließ den Schal los und Sam

 48

nahm seinen Hund schnell auf den Arm. Das
Fahrrad stieß gegen den Bordstein und das Hin-
terrad hob ab.

„**Aaahhh!**" Mit einem gellenden Schrei wurde
die Frau über den Lenker geschleudert.

Es war, als würde Amelie sich einen Film in

Zeitlupe ansehen: Sie ahnte, was als Nächstes passieren würde, doch sie konnte nichts tun, um es zu verhindern …

Mit flatterndem Schal stürzte die Frau direkt in den Ententeich.

Platsch! Sie landete bis zur Hüfte im schleimigen grünen Teichwasser.

Platsch! Ihre Einkaufstasche plumpste neben sie und eine Ente flatterte quakend davon.

„**Oh nein!**", rief Amelie. Sam und sie rannten zum Ufer. Amelies Herz klopfte vor Aufregung bis zum Hals. „Alles in Ordnung?", fragte sie.

Sam streckte die Hand aus. „Können wir Ihnen helfen?"

Die Frau rappelte sich unbeholfen auf. Sie beachtete Sams Hand nicht und wäre beinahe erneut ins Wasser gefallen, als sie ans Ufer stapfte. Um sie herum bildete sich eine Pfütze und sie fing an zu schimpfen. „Dieser ... dieser ... dieser Hund ist **die reinste Gefahr!**"

Sam machte einen Schritt zurück. „**Es tut mir leid ...**", begann er.

Aber die Frau schrie immer noch. „Der unge-
zogene Hund hat meine Einkäufe ruiniert!"

Sam drückte Mac fest an sich. Der Welpe ließ
die Ohren hängen. Amelie fand, dass ihre beiden
Freunde aussahen, als wären sie am liebsten
weggelaufen.

„Es tut uns **wirklich leid**", meinte Amelie. „Das
wollte Mac nicht. Ich hole Ihre Sachen."

Sie zog ihre Schuhe und die Strümpfe aus und
watete ins kalte Wasser. Entengrütze sammelte
sich um ihre Beine und sie spürte den kalten
Matsch unter ihren Zehen. **Igitt!** Amelie fischte
die Stofftasche aus dem Wasser, zog sie ans Ufer
und reichte sie der Frau.

„**Entschuldigen Sie**, dass Ihre Tasche nass
geworden ist", sagte Amelie.

Die Frau schnaubte. Sie hob ihr Fahrrad auf,

52

griff nach dem tropfenden Beutel, stopfte ihn in ihren Fahrradkorb und schob ihr Rad die Straße entlang.

„Das war Mrs Grantling", flüsterte Sam.

Amelie blickte ihn überrascht an. „**Wow**, sie ist echt unheimlich", murmelte sie.

Mrs Grantling warf einen letzten Blick über die Schulter. „Dieser Hund hält sich lieber fern von mir!", rief sie. „Sonst ...!"

Wo ist Flora?

Isas Haus befand sich in der Mitte eines Reihenhauses. Amelie klopfte zaghaft an die Tür, während Sam Mac mit aller Kraft von einem Blumenkübel mit Geranien wegzog, an denen der Welpe knabbern wollte.

Die Haustür wurde geöffnet. Isa stand dort und sah sie mit gerunzelter Stirn an.

„Vielleicht ist das doch keine gute Idee", dachte Amelie verunsichert.

„Äh, **hallo**, Isa", sagte sie dann zögerlich.
„Wir haben uns gefragt, ob ..."

Zu ihrer Überraschung verzog Isa das Gesicht
und fing an zu weinen. Amelie sah zu Sam, der
verdutzt die Augenbrauen hochzog.

„Was ist denn los, Isa?", fragte Amelie mitfüh-
lend.

„Es ist wegen Flora",
schluchzte Isa.

„Wer ist Flora?"

Isa schluckte. „Mein
Kaninchen. Ich mache
mir solche Sorgen um
sie. Und jetzt ..." Sie
schluchzte wieder. „Sie ist
verschwunden!"

„Das ist also ihr Problem",

dachte Amelie und verstand plötzlich, warum Isa so unfreundlich gewesen war. Amelie legte einen Arm um das Mädchen. „Wir helfen dir, dein Kaninchen zu suchen. Nicht wahr, Sam? Wann hast du es zuletzt gesehen?"

Isa rieb sich die Augen. „Flora war in ihrem Stall, als ich von der Schule gekommen bin."

„Dann kann sie nicht weit sein", meinte Sam. „Wo ist ihr Stall?"

Isa führte sie durch das Haus in den Garten, in dem ein großer Schuppen stand. Neben dem Schuppen gab es ein kleines Rasenstück. An den Kaninchenkäfig war ein schönes Freilaufgehege angebaut, sodass Flora durch das Gras hoppeln konnte.

„Wie sieht Flora aus?", fragte Amelie Isa.

„Sie ist schwarz-weiß und sehr hübsch. Rund um

die Augen und auf den Ohren hat sie schwarze Flecken und auf der Nase einen weißen Streifen bis zum Kinn." Isa schniefte, als sie die Tür zum leeren Käfig öffnete. Mac winselte und rieb sein Köpfchen an Isas Beinen, um sie zu trösten. Isa kniete sich hin und umarmte ihn.

Amelie und Sam sahen sich den Kaninchenstall genauer an. Vorn hatte er zwei große Türflügel und seitlich eine kleine Schiebetür, die zum Freigehege führte.

„Die habe ich offen gelassen", sagte Isa und deutete auf die Schiebetür. „Damit Flora jederzeit auf die Wiese kann."

„Dann muss sie aus dem Auslauf entwischt sein", sagte Amelie nachdenklich. Sie kniete sich hin, kontrollierte den Maschendraht und entdeckte ein kleines Loch in der Erde. **Da!** Ein Tunnel!"

„Flora hat sich einen Tunnel gegraben", meinte Sam. „Wir müssen noch mehr Spuren finden." Er nahm Mac hoch und hielt ihn vor den Käfig. „Mac, das ist Floras Käfig. **Schnupper mal!**" Sam drehte sich zu den beiden Mädchen um. „Wenn Mac Floras Fährte aufnimmt, führt er uns vielleicht zu ihr. **Da!** Er rennt schon los!"

Mac wand sich aus Sams Armen und lief quer durch den Garten.

Amelie sah dem Hund voller Hoffnung nach.

Auf einmal blieb Mac neben dem aufge-
rollten Garten-
schlauch stehen
und fing an, auf dem
Gummi herumzu-
kauen.

Sam stöhnte und zog ihn weg. „**Aus, Mac!**"
Amelie war enttäuscht. Sie sah sich in dem
kleinen Garten um. Da standen zwei Plastikstühle,
eine Vogeltränke aus Stein und neben dem Holz-
zaun entdeckte sie ein Häufchen Erde.

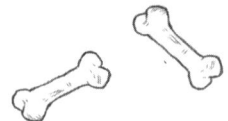

„He", sagte sie. „Da ist noch ein Tunnel! Flora muss sich einen Weg aus dem Garten gegraben haben."

Sie rannten zurück durch das Haus. „Ich darf nicht rausgehen, ohne meiner Mama Bescheid zu sagen", meinte Isa. „Aber sie ist noch bei der Arbeit. Sie hat bestimmt nichts dagegen, schließlich müssen wir Flora retten ..."

Die drei gingen an den Reihenhäusern vorbei zu einem kleinen Weg, der hinter den Gärten entlangführte. Auf der anderen Seite von Isas Gartenzaun entdeckten sie den Ausgang von Floras Tunnel.

„Wohin ist Flora wohl als Nächstes gehoppelt?", überlegte Amelie laut.

Der Weg bestand aus festgetrampelter Erde, hier und dort wuchsen ein paar Grashalme. Auf der einen Seite des Pfades waren die Zäune der angrenzenden Gärten zu sehen und auf der anderen befand sich eine große Hecke. Außerdem gab es neben der Hecke noch einen Apfelbaum. Amelie warf einen Blick hinter den Baumstamm. **Nichts!**

Isa lief verzweifelt auf und ab. „Flora ist nicht hier!", rief sie. „Was machen wir nur, wenn wir sie nicht finden? Sie hat bestimmt **fürchterliche Angst!**"

Amelie versuchte, sie zu trösten. „Wir haben noch nicht überall gesucht …"

„**Seht mal!**", unterbrach Sam sie. „Die Blätter hier sind angeknabbert."

Amelie betrachtete das Unkraut am Zaun genauer. Löwenzahn und Pusteblumen wuchsen dort. „Kaninchen lieben Löwenzahn, oder, Isa?",

fragte sie. „Glaubst du, dass Flora die Pflanzen angeknabbert haben könnte?"

Isa nickte und machte ein etwas hoffnungsvolleres Gesicht. Gemeinsam durchsuchten sie den Löwenzahn nach weiteren Spuren des Kaninchens.

„Hier sind noch mehr **angeknabberte Blätter!**", rief Sam.

„Hier auch", sagte Amelie. „Wir folgen Floras Spur!"

Plötzlich zeigte Isa auf ein Häufchen kleiner brauner Kügelchen auf der anderen Seite des Weges. „Frische Hasenköttel. Die sind bestimmt von **Flora**!"

„Wir sind nah dran", meinte Amelie. „Sucht weiter!"

Sie suchten den Weg ab und fanden noch

mehr Hasenköttel. An einer Stelle entdeckten sie sogar Pfotenabdrücke in der Erde. Es sah aus, als hätte sich an dieser Stelle etwas Kleines unter der Hecke hindurch in den dahinterliegenden Garten gegraben.

Amelie grinste. „Flora muss unter der Hecke durchgeschlüpft sein. Jetzt müssen wir nur noch den Hausbesitzer bitten, uns in seinem Garten nach ihr suchen zu lassen."

Zu ihrer Überraschung riss Isa entsetzt die Augen auf. Sam hob bedauernd die Hände und schüttelte den Kopf. **„Das geht nicht!"**, sagte er entschlossen.

Amelie runzelte die Stirn. „Warum nicht?"

„Weil es Mrs Grantlings Garten ist."

Amelie seufzte, stellte sich auf die Zehenspitzen und linste über die Hecke in den Garten. Sie sah

jede Menge Unkraut und Gestrüpp. Weiter hinten im Garten erkannte sie das Obergeschoss eines großen Hauses.

Die Vorhänge waren zugezogen und die Hauswände waren mit Efeu bedeckt. Neben dem Schornstein drehte sich leise quietschend eine Wetterfahne im Wind. Amelie schluckte. „Thomas hat recht", dachte sie. „Es sieht wirklich wie ein Spukhaus aus …"

„Und wenn Mrs Grantling Flora findet?", fragte Isa mit zittriger Stimme.

„Wir müssen sie zuerst finden", sagte Amelie

und versuchte, ihre Nervo-
sität zu verbergen. Sie
machte sich an der
Hecke zu schaffen und
schob zwei Äste ausei-
nander, sodass eine
kleine Lücke ent-
stand. „**Kommt**, wir
können uns hier durch-
quetschen."

Sam zögerte. „Ich weiß nicht ..."

„Wir haben **keine Wahl!**", sagte Amelie.

„Bald wird es dunkel. Flora findet nicht allein

zurück nach Hause."

Isa schluckte und sah besorgt aus. „Was, wenn

sie ein Fuchs erwischt?"

„Ich glaube nicht, dass Mrs Grantling uns in

ihren Garten lässt, also müssen wir uns hineinschleichen", wisperte Amelie.

„Wir fassen nichts an. Sie wird gar nicht merken, dass wir da waren."

„Flora ist in Gefahr, also ...", meinte Isa zaghaft.

„**Genau!**", stimmte Amelie zu. „Mr und Mrs Hope würden das auch so machen." Da war sie sich ganz sicher. Die Tierärzte taten alles, um einem Tier zu helfen – und das tat sie ebenfalls!

„Na gut", meinte Sam endlich. Er band Macs Leine an dem Apfelbaum fest und kroch durch die Lücke in der Hecke. Isa folgte ihm und Amelie kam als Letzte. Zweige verhedderten sich in ihren Kleidern und verfingen sich in ihren Haaren. Dornen zerkratzten ihre Haut. Dann stand sie mit Sam und Isa in Mrs Grantlings Garten.

Sie kämpften sich durch das dichte Gestrüpp.
Brennnesseln ragten bis über ihre Köpfe auf und
Brombeerranken verfingen sich um ihre Knöchel.
Amelie befreite ihre Kleider und zuckte vor
Schmerz zusammen, als die Dornen sich in ihre
Finger bohrten. Sie stapfte um eine Stechpalme
herum. Sam und Isa folgten ihr.

Auf einmal blieb Amelie überrascht
stehen. Dieser Teil des Gartens war kein
bisschen verwildert. Stattdessen waren Obst und
Gemüse in ordentlichen Reihen angepflanzt.

„Das würde Flora gefallen", flüsterte Isa.

Amelie nickte. „Vielleicht finden wir sie hier
irgendwo."

Die drei machten sich auf die Suche. Amelie
nahm sich die Reihe der Tomatenpflanzen vor.
Die Pflanzen hatten kleine gelbe, sternförmige

Blüten. Dann ging sie zum Rhabarber und hob
die riesigen Blätter an, bis sie schließlich zu den
Erdbeerpflanzen gelangte. Amelie ging in die
Hocke und hielt die Luft an, als sie eine zuckende
Schnuppernase erblickte.

 68

Vorsichtig schob Amelie die
Blätter auseinander: Vor ihr
saß ein kleines schwarz-wei-
ßes Kaninchen und knabberte
genüsslich an einer reifen
Erdbeere.

Flora!

Amelie beugte sich langsam vor, um
das Kaninchen nicht zu erschrecken. Sanft schob
sie ihre Hände unter Bauch und Hinterteil des
Kaninchens und hob es hoch. Flora ließ die Erdbeere aus ihrem Maul fallen und bewegte ihre
schwarzen Ohren hin und her. Roter Erdbeersaft
klebte an ihrem weißen Kinn. Das weiche Fell
kitzelte Amelie an der Nasenspitze und Flora
drückte ihre weißen Pfoten fest gegen Amelies
Brust.

„**Isa!**", rief Amelie, so laut sie es sich traute.

Isa drehte sich um und jubelte vor Freude. Sie nahm Amelie das Kaninchen ab und schmiegte ihr Gesicht in das weiche Fell. „**Oh, Flora!** Lauf ja nie wieder **fort!**"

Sam grinste. „Jetzt müssen wir nur noch unbemerkt aus diesem Garten herausschleichen."

„**Wuff!**"

Alle drei wirbelten erschrocken herum. Ein Rascheln kam aus der Hecke, die Brennnesseln wackelten und dann stürmte Mac auf die Wiese, seine Leine im Schlepptau.

„**Mac, nein!**", rief Sam.

Doch statt in Sams Richtung rannte der Welpe direkt auf das Haus zu. Amelies Magen machte einen Purzelbaum. Gleich würde Mrs Grantling sie bestimmt entdecken!

Sie rannten dem jungen Hund hinterher. Ranken zerrten an ihren Kleidern, doch sie würden nicht stehen bleiben, bis sie Mac eingeholt hatten. Aber Mac hatte bereits das Haus erreicht. In der Tür befand sich eine Katzenklappe. Entsetzt sah Amelie, wie Mac mit seiner Nase gegen die Klappe stieß und zurückgeschleudert wurde. Er jaulte überrascht und landete auf der Fußmatte. Verwundert schüttelte der kleine Hund den Kopf. Amelie hätte beinahe losgelacht, doch da flog die Haustür auf. Mrs Grantling stand vor ihnen, die Hände in die Hüften gestemmt. Ihr Gesicht war rot vor Wut.

„Was treibt ihr in meinem Garten?", schrie sie und starrte Sam und Amelie an. Dann wandte sie sich Isa zu und ihr Blick fiel auf Flora und die Erdbeerflecken in ihrem Fell. Die alte Dame holte scharf Luft und keifte: „Dieses Vieh hat also meine

Erdbeeren gefressen!" Amelie öffnete den Mund, um alles zu erklären, aber da machte Mrs Grantling einen bedrohlichen Schritt auf Isa und Flora zu. „**DIEB!**"

Amelie wusste, dass sie sofort abhauen mussten. „**Lauft!**", schrie sie ihren Freunden zu.

Zwei neue Freunde

Sie liefen zur Hecke zurück, aber Amelie konnte die Lücke, durch die sie zuvor gekrochen waren, nicht auf Anhieb finden. Panik erfasste sie.

Da rief Sam: „**Hier entlang!**" Er verschwand durch die Hecke und zog Mac an der Leine hinter sich her. Isa folgte ihm mit Flora auf dem Arm und auch Amelie kroch erleichtert durch das Loch hindurch.

Sie rannten den Weg hinunter, an Isas Garten

vorbei und um die Straßenecke, bis sie schließlich stehen blieben.

Amelie stützte die Hände in die Seiten und war völlig außer Atem. „**Oh Mann!**", keuchte sie und musste lachen, jetzt, da alles vorüber war. „Das war **knapp**!"

Doch Isa stieß einen Schrei aus: „**Oje!** Was ist nur mit Flora los?"

Amelie und Sam stellten sich neben sie. Flora wirkte schlapp, atmete schnell und hatte die Augen halb geschlossen.

„Sie sieht krank aus", murmelte Sam.

„Wir sollten sie in die *Tierklinik Pfötchen* bringen", sagte Amelie. „**Schnell!**"

„**Hm**", machte Mrs Hope und tastete vorsichtig
Floras Bauch ab. Sam, Amelie und Isa standen
um den Behandlungstisch herum und sahen der
Tierärztin besorgt zu. „Ich sehe, dass es Flora
nicht gut geht. Könnt ihr mir
erzählen, was sie gemacht
hat?"

Gemeinsam berichteten sie, was passiert war. „Dann haben wir sie in einem Erdbeerbeet gefunden", beendete Amelie die Geschichte.

„Klingt so, als hätte Flora ein ganz schönes Abenteuer erlebt", meinte Mrs Hope. „Die Erdbeeren sind der Grund, warum es ihr nicht gut geht."

„Sind Erdbeeren schlecht für Kaninchen?", fragte Isa.

„Leider ja", antwortete Mrs Hope. „Kaninchen lieben Erdbeeren, aber sie bekommen von ihnen Bauchschmerzen. Sie sollten hauptsächlich Heu fressen." Sie strich Flora über die Ohren. „**Keine Sorge**, Isa, dein Kaninchen hat nur Bauchweh. Das wird von alleine wieder besser. Sorge dafür, dass sie viel

frisches Wasser in ihrem Stall hat. Wie geht es ihr sonst so?"

„Also ..." Isa berührte Floras Hinterpfote, an der sich eine kahle Stelle befand. „Sie kaut viel auf ihrer Pfote herum. Ich weiß nicht, warum."

Mrs Hope betrachtete Floras Pfote. „Wie groß ist ihr Gehege?", fragte sie und rieb Creme auf die kahle Hautstelle.

„Ungefähr so groß", sagte Isa und breitete die Arme aus. „Meine Mutter hat es gebaut. Sie ist Schreinerin."

Mrs Hope setzte Flora zurück in ihre Transportbox. Das Kaninchen kauerte sich mit geschlossenen Augen in die Ecke.

„Flora langweilt sich, das ist ihr eigentliches Problem", erklärte Mrs Hope. „Wenn du den Stall spannender gestaltest, kaut sie auch nicht

mehr auf ihrer Pfote herum. Und sie büxt auch nicht mehr aus, um anderswo spannende Abenteuer zu erleben. Meinst du, du schaffst das?"

Isa nickte. „Für Flora würde ich **alles** tun!"

„Wir helfen dir", sagte Amelie entschlossen. „Nicht wahr, Sam?"

„Klar machen wir das!", meinte Sam.

„Viel Glück." Mrs Hope gab Isa das Rezept für die Salbe, um die Pfote zu heilen. „Ihr bekommt das bestimmt gut hin."

Auf dem Weg zu den Kätzchen empfand Amelie Stolz, denn sie hatte einem weiteren Tier helfen und den beiden Tierärzten zeigen können, wie sehr sie sich nützlich machen konnte.

Am nächsten Tag gingen Sam und Amelie nach der Schule die Kätzchen besuchen und trafen sich später bei Isa im Gartenhäuschen. Mac war auch dabei und saß zu ihren Füßen.

An den Wänden des Schuppens hingen Sägen, Schraubenzieher und Stemmeisen. Auf Regalen standen überfüllte Kisten mit Muttern und Schrauben und in der Mitte der Hütte stand eine Werkbank. Auf dem Boden lagen Holzbretter, Pfosten und Maschendrahtrollen. Sie hatten Isas Mutter erzählt, was mit Flora los war, und sie hatte vorgeschlagen, dem Kaninchen ein neues Zuhause zu bauen. Isa freute sich sehr und war in der Schule so nett und fröhlich gewesen, dass Amelie gar nicht an Chloe und ihre anderen Freundinnen gedacht hatte.

„Flora geht es schon viel besser", erzählte Isa glücklich.

„Das ist **toll**", meinte Amelie. „Ich kann es kaum erwarten, endlich mit dem Hausbau anzufangen." Sie lächelte Sam verstohlen zu. Gestern Abend hatten sich die zwei Freunde eine besondere Überraschung für Isa überlegt. Amelie war schon sehr gespannt, wie sie ihr gefallen würde. Mac bellte gut gelaunt und versuchte, ein dickes Holzstück ins Maul zu nehmen.

„**Nein, Mac**", sagte Sam streng. „Du darfst hier drin nichts anknabbern!"

„**Hallo**, Kinder!" Isas Mutter kam herein. Sie trug eine Latzhose und hatte die Haare zu einem zerzausten Dutt hochgebunden. „Hört mir bitte kurz zu, bevor wir anfangen. Mrs Grantling war vorhin da. Sie hat sich über euch drei, einen

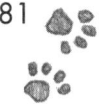

Hund und ein Kaninchen beschwert, die gestern

in ihrem Garten waren. Also, was war los? **Er-**

zählt mal."

Die drei Freunde sahen sich schuldbewusst an.

Amelie holte tief Luft. „Wir wissen, dass es nicht erlaubt ist, einfach in Mrs Grantlings Garten zu gehen, aber Flora war dort und wir mussten sie retten."

„Mrs Grantling ist so unheimlich", murmelte Isa. „Wir dachten, sie würde uns nicht in ihren Garten lassen, um Flora zu holen."

Isas Mutter runzelte die Stirn. „Habt ihr sie denn überhaupt gefragt?"

Sie schüttelten die Köpfe. „**Tja**, das hättet ihr besser tun sollen", meinte Isas Mutter. „Vielleicht ist sie freundlicher, als ihr denkt."

Amelie bemerkte Sams Blick und vermutete, dass er dasselbe dachte wie sie: Isas Mutter verstand überhaupt nicht, wie gemein Mrs Grantling ist!

Isas Mutter legte eine Dose mit Stiften und

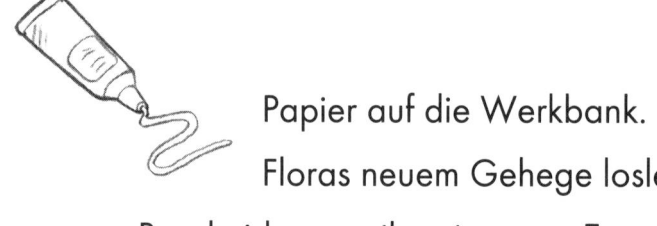

Papier auf die Werkbank. „Lasst uns mit Floras neuem Gehege loslegen. Gebt mir Bescheid, wenn ihr mit eurem Entwurf fertig seid."

Sie ging zurück ins Haus. Isa, Sam und Amelie nahmen sich einen Stift. „Es gibt nicht genug Platz, um den Stall breiter zu machen, aber er könnte höher sein", überlegte Amelie laut.

„**Oh!**", sagte Isa. „Wie ein Doppeldecker!"

Sie begannen zu zeichnen und hatten immer mehr Ideen. Es dauerte nicht lange, dann hatten sie einen brandneuen Stall für Flora entworfen.

„Das wird ihr gefallen", sagte Isa begeistert. „Was für eine **tolle Überraschung**!"

Sie brachten ihre Zeichnung ins Haus. „Gleich ist es Zeit für Isas Überraschung", flüsterte Sam Amelie zu.

In der Küche betrachtete Isas Mutter die Zeichnung eingehend. „**Gute Arbeit!** Ich fange gleich damit an. Und ihr ..." Sie griff nach einer Einkaufstasche auf der Arbeitsfläche. Mac starrte sie hoffnungsvoll an, aber Sam hielt ihn am Halsband fest. Isas Mutter nahm die Tasche mit in den Garten und leerte den Inhalt auf der Wiese aus. Viele leere Verpackungen und Klopapierrollen purzelten heraus. „Versucht doch mal, daraus Kaninchenspielzeug zu basteln."

Sie machten sich an die Arbeit. Nach der Anleitung eines YouTube-Videos befüllten sie die Klorollen mit Stroh. Mit diesen Rollen würde Flora später spielen können. Aus dem Schuppen ertönte lautes Sägen und Hämmern. Mac schnupperte herum und fing dann an, auf einer leeren Müslischachtel herumzukauen.

„**Oh oh**", sagte Sam und nahm Mac die Verpa-
ckung ab. „Hier, kau lieber darauf herum."

Sam holte den Gummiknochen aus seiner Tasche und warf ihn für Mac über die Wiese. Aber
Mac beachtete ihn nicht. Sam stöhnte.

„**Gib nicht auf!**", ermunterte Amelie ihn. „Wir
werden Mac schon beibringen, nicht auf den
falschen Gegenständen herumzukauen."

„Ich hoffe es", murmelte Sam. „Ich
kann den Gedanken nicht ertragen, ihn
wieder herzugeben."

„Ich auch nicht", sagte Amelie. „Wir werden
einen Weg finden. **Versprochen!**"

Nach einer kurzen Pizzapause rief Isas Mutter
die Kinder zu sich. „Wie findet ihr ihn?", fragte
sie.

Vor ihnen stand der neue Stall. Er hatte zwei

Stockwerke, einen Tunnel, der sich von außen um den Stall wand, und Rampen, über die Flora die Stockwerke wechseln konnte. Es gab einen gemütlichen Schlafbereich und viele behagliche Ecken und Winkel, in denen man Futter für das Kaninchen verstecken konnte.

Sam und Amelie klatschten sich ab und Isa applaudierte. „Der Stall ist **perfekt**!", rief sie fröhlich und holte Flora aus ihrem alten Gehege.

„**Komm**, Flora. Zeit, dir dein neues Zuhause anzusehen."

Sie setzte Flora vorsichtig ins obere Stockwerk. Das Kaninchen schnupperte verdutzt, blieb aber an Ort und Stelle hocken.

„**Oh**", murmelte Isa traurig.

Auch Amelie war enttäuscht.

„Vielleicht muss sie sich erst etwas eingewöhnen", vermutete Isas Mutter.

Da klingelte es an der Haustür.

„Wer kann das nur sein?", fragte Isas Mutter und zwinkerte Sam und Amelie zu.

Amelie war in heller Aufregung. Das konnte nur die große Überraschung für Isa sein! Sam und sie sprangen ungeduldig auf und Isa folgte ihnen verwundert durch das Haus.

Vor der Haustür stand ein Mann mit einem

Weidenkorb in der Hand,
in dem zwei schwarz-weiße
Schnäuzchen zu erkennen
waren. „**Hallo**", sagte der
Mann. „Ich bin Mr Jame-
son. **Tut mir leid**, ich
bin zu spät."

Isas Mutter lächelte.
„Sie sind überhaupt nicht
zu spät. Bitte, kommen Sie herein. Amelie, er-
zählst du Isa, warum Mr Jameson hier ist?"

Amelie konnte kaum sprechen, so sehr musste
sie grinsen.

„Isa, darf ich vorstellen? **Floras neue Freunde!**"

Isa blickte sie verwirrt an. „Wie meinst du das?"

„**Überraschung!**", rief Amelie glücklich.

„Nachdem wir mit Flora in der *Tierklinik Pfötchen* gewesen sind, habe ich ein bisschen nachgeforscht. Ich habe herausgefunden, dass Kaninchen viel glücklicher sind, wenn sie mit anderen Kaninchen zusammenleben."

„Und diese zwei hier brauchen ein neues Zuhause", sagte Mr Jameson und strich über die langen Ohren, die aus dem Korb herausragten. Isa lächelte.

„Amelie und Sam haben mich davon überzeugt, dass die zwei bei uns leben sollten", meinte Isas Mutter. „Was denkst du, Liebes?"

Isa nickte und war sprachlos. Sie nahm ihre Mutter fest in den Arm und fiel dann auch Amelie und Sam um den Hals. Mr Jameson gab ihr den Weidenkorb und verabschiedete sich. Gemeinsam gingen die Freunde zurück in den Garten.

Isa öffnete den Korb und seufzte beim Anblick der niedlichen Kaninchen verzückt. Zuerst drängten sich die beiden Tiere verängstigt ganz nach hinten ins Körbchen, doch dann ließen sie sich von Isa und Amelie herausheben. Sie waren genauso weich und kuschelig wie Flora.

„Wie willst du sie nennen?", fragte Isas Mutter.

Isa streichelte die Kaninchen nachdenklich.

„**Poppy und Rosi!** Das passt zu Flora. Poppy ist die mit dem schwarzen Fleck auf der Nase."

Behutsam setzten sie die Kaninchen in Floras neuen

Stall. Flora stellte die Ohren auf, drehte sich um
und blickte Poppy und Rosi an. Ihre Tasthaare
zitterten, als sie neugierig herumschnüffelte.

„Glaubt ihr, Flora mag sie?", flüsterte Isa.

Alle hielten den Atem an und warteten darauf,
was die drei Kaninchen als Nächstes tun würden.

Dem Dieb auf der Spur

Angespannt beobachteten sie, wie sich die drei
Kaninchen beäugten. Floras Ohren bewegten
sich hin und her und ihre Nase zuckte. Sie
machte einen kleinen Schritt nach vorn, dann
noch einen. Schließlich hoppelte sie zu den
beiden fremden Kaninchen und beschnupperte
sie. Die Tiere hoppelten umeinander herum und
beschnüffelten gegenseitig ihr Fell. Amelie war
furchtbar erleichtert.

„Ich glaube, **Flora mag sie!**", rief Isa mit glänzenden Augen.

„Und die zwei Kaninchen mögen Flora auch", meinte Isas Mutter. „Ich denke, die drei werden sehr glücklich miteinander sein."

Sam legte behutsam ein paar Spielzeuge, die sie gebastelt hatten, in den Stall. Flora stupste

eine Klopapierrolle mit dem Näschen an und stellte neugierig die Ohren auf, als die Rolle durch den Stall kullerte. Die Rolle stieß gegen Poppys Pfoten und das Kaninchen rollte sie Flora zurück.

„Es sieht aus, als würden sie Fußball spielen", sagte Amelie lachend.

Auf einmal klingelte es erneut an der Haustür. „Ist das noch mal Mr Jameson?", fragte Isa. „Vielleicht hat er etwas vergessen ..." Aber als sie durch das Haus liefen und die Tür öffneten, stand dort Mrs Grantling. Finster blickte sie auf die Kinder herab. „Dieses Kaninchen war schon wieder in meinem Garten", keifte sie. „Diesmal hat es meine gesamten Himbeeren aufgefressen. **Alle weg!**" Sie holte tief Luft. „Ich wünschte, Mr Whiskers wäre noch da. Er hätte das Kaninchen verjagt. Wenn ich dieses Tier noch einmal in meinem Garten erwische, mache ich Kanincheneintopf zum Abendessen ..."

„Mrs Grantling", unterbrach Isas Mutter die alte Dame. „Bitte, lassen Sie die Kinder doch erklären ..."

Doch Mrs Grantling drehte sich auf dem Absatz um und stapfte wütend davon.

Isas Mutter schloss die Tür und murmelte: „Sie schien traurig zu sein."

„Aber Flora kann es nicht gewesen sein", sagte Isa. „Sie war die ganze Zeit hier bei uns." Das Mädchen legte die Stirn in Falten. „Glaubt ihr, Mrs Grantling würde Flora wirklich etwas antun?"

Sam und Amelie warfen sich einen sorgenvollen Blick zu.

Isas Mutter schüttelte entschieden den Kopf.

„Natürlich nicht! Gebt den Kaninchen jetzt lieber frisches Wasser und Futter. Ich muss noch ein paar Mails beantworten."

Während sie die Tiere versorgten, unterhielten Sam, Amelie und Isa sich über Mrs Grantlings unerwarteten Besuch. „Glaubt ihr, Mama hat recht?", fragte Isa nachdenklich. „Oder würde Mrs Grantling Flora etwas antun, wenn sie sie noch mal in ihrem Garten erwischt?"

„So schrecklich wäre noch nicht mal Mrs Grantling", sagte Amelie. „Ich glaube, sie ist einfach nur sehr wütend."

Sam machte ein nachdenkliches Gesicht. „Sie gibt Flora für alles die Schuld."

„Ja", stimmte Amelie ihrem Freund zu. „Damit sie endlich aufhört, Flora zu beschuldigen, müssten wir ..."

„… den richtigen Dieb finden",
beendete Sam ihren Satz. „Aber
wie?"

✩ ✩ ✩

Am nächsten Tag war Isa beim
Sport, aber Sam und Amelie hatten
beschlossen, den Fall aufzuklären. Sie
saßen auf dem Apfelbaum neben der
Hecke von Mrs Grantlings Garten. Von

dort oben konnten sie Mrs Grantlings
Haustür und den Obst- und Gemüsegarten sehen.

„Jetzt müssen wir nur noch warten, bis der
wahre Dieb auftaucht", sagte Amelie.

Sam nickte. Er hielt das Handy seiner Mutter in
der Hand, das sie sich ausgeliehen hatten, um
Beweisfotos zu machen.

Leise hockten sie auf dem Baum und warteten.
Nach einer Weile sah Sam Amelie bedrückt an.
„Vermisst du deine alten Freundinnen eigentlich
immer noch?"

Amelie dachte einen Augenblick nach. Der
Gedanke an Chloe und die anderen Freundinnen
auf der Übernachtungsparty fühlte sich nicht mehr
so schlimm an. Schließlich hatte sie hier auch
jede Menge Spaß! „Ein bisschen", antwortete

sie. „Aber nicht mehr so sehr wie früher. Jetzt habe ich ja Isa, dich und Mac."

Sam grinste. „Ja, Mac ist **echt toll**", sagte er lachend.

„Es ist so schön, Zeit mit einem Tier zu verbringen", schwärmte Amelie. „Hat Mrs Grantling nicht erwähnt, dass sie einen Kater hat?"

„Ja, Mr Whiskers", erinnerte Sam sich.

„Genau. Wie er wohl so ist?"

„Also, wenn er Mrs Grantling nur ein wenig ähnelt, dann kratzt und faucht er bestimmt die ganze Zeit."

Amelie kicherte. „Vielleicht kommt er durch die Katzenklappe ins Freie, dann finden wir es heraus."

Sie beobachteten weiter Haus und Garten, aber von einem Kater war nichts zu sehen.

„Erinnerst du dich noch, dass Mac nicht durch die Katzenklappe ins Haus gelangt ist? Die Klappe hat sich nicht geöffnet. Vielleicht ist sie ja verschlossen."

„Stimmt", meinte Amelie. „Aber warum sollte die Katzenklappe verriegelt sein?"

Sie blickten sich verwundert an und begriffen es im selben Moment.

„Weil im Haus kein Kater mehr lebt", sagte Sam. „Mrs Grantling sagte, sie wünschte, Mr Whiskers wäre noch da."

„Wahrscheinlich ist er gestorben." Amelie war plötzlich sehr traurig. „Die arme Mrs Grantling, sie vermisst ihn bestimmt sehr."

„Vielleicht ist sie deshalb so schlecht gelaunt", vermutete Sam.

Amelie nickte. Die zwei Freunde schwiegen

eine Weile. Amelie dachte daran, was Mrs
Grantling alles passiert war – sie war in den
Ententeich gestürzt, Eindringlinge waren in ihrem
Garten gewesen, ihre Himbeeren waren gestoh-
len worden und die ganze Zeit über vermisste sie
ihren Kater ... Schuldgefühle stiegen in Amelie
auf.

„Sam", begann sie, aber da sauste plötzlich
etwas durch den Gemüsegarten. Es war eine
Amsel.

„Das könnte der Dieb sein!", flüsterte sie
aufgeregt.

Sam schaltete die Kamera des
Handys ein, zoomte heran und
zeigte Amelie den Bildschirm.

Es war ein Amselmännchen mit glänzenden
schwarzen Federn, einem gelben Schnabel und

gelb umrandeten Augen. Es hüpfte zwischen den Beeten herum. Dann raschelte es im Gebüsch. Amelie sah ein braunes Amselweibchen, das in den Johannisbeerstrauch flatterte. Die Zweige waren zu dünn für die Amsel, um sich auf ihnen niederzulassen. Das Amselweibchen schnappte sich eine Beere und flog auf die Wiese. Einige Johannisbeeren lösten sich von den Rispen. Sie strich ihre zerzausten Federn glatt und begann, die heruntergefallenen Johannisbeeren aufzupicken. Das Männchen hüpfte herbei und pickte die Beeren ebenfalls auf. Amelie war so vertieft in ihre Beobachtungen, dass sie beinahe vergaß, warum sie hier waren.

Sam grinste. „**Juhu!** Wir haben die Diebe **erwischt**!" Doch dann verschwand das Grinsen aus seinem Gesicht. „Ich glaube, wir sollten es Mrs Grantling sagen."

Sie kletterten vom Baum herunter und liefen durch Mrs Grantlings verwilderten Vorgarten zur Haustür. Zaghaft klopften sie mit dem schweren Türklopfer aus Kupfer an der Tür. Es dauerte eine Weile, bis Mrs Grantling erschien. Als sie die Kinder sah, wurde ihr Gesicht rot vor Wut. „Was wollt *ihr* denn schon wieder hier?", fragte sie verärgert. „Ich habe euch doch gesagt, dass ihr euch fernhalten sollt."

„**Bitte**, Mrs Grantling", sagte Amelie. „Wir möchten Ihnen gern etwas zeigen."

Sam hielt ihr das Handy mit den Fotos der Amseln hin.

„Dann war es also nicht das Kaninchen", sagte die alte Dame schließlich leise. Ihre Gesichtszüge entspannten sich.

„Nein", erwiderte Sam nervös. „Sie werden Flora nun bestimmt nichts tun, oder? Jetzt wissen Sie ja, dass sie es nicht war."

Mrs Grantling sah sie erschrocken an. „Etwas tun ...? **O weh!**" Sie nahm ihre Brille ab und wischte sie mit einem Taschentuch sauber. „Ich hätte nichts von einem Kanincheneintopf sagen sollen. Ich war nur so wütend. Aber ich würde

einem Tier niemals etwas antun. **Ich liebe Tiere**, wisst ihr!"

Amelie atmete erleichtert auf. Mrs Grantlings Entschuldigung hatte sie auf eine Idee gebracht. „Ich habe gerade auch an Tiere gedacht, Mrs Grantling. Und es gibt jemanden, den Sie unbedingt kennenlernen sollten ..."

Zu Hause ist es am schönsten!

„Ach, wie entzückend!", sagte Mrs Grantling, als sie Karamell und die Kätzchen erblickte. „Wie niedlich! Darf ich eins halten?"

Sie waren im Hotelraum der *Tierklinik Pfötchen* und standen rund um den Käfig der Katzenfamilie. Mrs Hope, die Tierärztin, reichte ihr ein geflecktes Kätzchen und Mrs Grantling nahm es sanft auf den Arm. Die tiefen Falten in ihrem Gesicht verschwanden, als sie dem Kätzchen in die

blauen Augen sah. Mrs Grantling schnalzte leise mit der Zunge und das Kätzchen stupste mit seinem Pfötchen sanft gegen ihre Nasenspitze.

„Ich kann gar nicht mehr verstehen, dass wir

uns vor ihr gefürchtet haben", flüsterte Sam Amelie zu. Amelie musste kichern.

Mrs Grantling spielte mit allen Kätzchen und Amelie beobachtete sie dabei. „Die Kätzchen mögen Sie, Mrs Grantling. Aber ich glaube, das erste Kätzchen mag Sie am liebsten. Es schmiegt sich die ganze Zeit an Ihre Hand."

„Ich mag sie auch", meinte Mrs Grantling und strich dem Kätzchen über die Ohren.

„Was denken Sie?", fragte Amelie. „Wollen Sie die Kleine zu sich nehmen?"

„Sie könnte die Vögel von Ihren Beeren verscheuchen", fügte Sam hinzu.

Mrs Grantling strich dem Kätzchen über den Rücken. „Früher hat Mr Whiskers die Vögel aus meinem Garten vertrieben. Vor

einem Jahr ist er gestorben. Ich vermisse ihn immer noch sehr."

„Das tut mir leid", sagte Mrs
Hope freundlich. „Es ist schwer, ein
geliebtes Tier zu verlieren. Glauben Sie, dass
Sie schon für ein neues Kätzchen bereit sind?"

„Vielleicht." Mrs Grantling klang unsicher. „Ich
müsste mir einen Namen für sie überlegen." Das
Kätzchen versuchte, an ihrem Arm hochzuklettern.
Mrs Grantling nahm es hoch und drückte es an
ihre Wange. Das Kätzchen fiepte zufrieden und
schnurrte.

Mrs Hope schmunzelte. „Die **Kleine** mag Sie
wirklich!"

Mrs Grantling strahlte über das ganze Gesicht.
„Du sprudelst vor Energie, nicht wahr, Miss
Sprudel?"

Amelie grinste. „Das ist der **perfekte Name** für sie!"

„Sie müssen sie einfach zu sich nehmen", sagte Sam.

Mrs Grantling zögerte, dann fing sie an zu lachen. „Du hast recht. Bei dem Gedanken, Miss Sprudel mit nach Hause zu nehmen, geht es mir gleich viel besser. **Ja, bitte.** Ich möchte sie haben." Sie kitzelte das Kätzchen an der Nase.

„Mrs Grantling ist eigentlich gar nicht so fürchterlich", dachte Amelie. „Sie ist nur einsam, genau wie Flora, als sie noch allein in ihrem Stall war."

„**Wunderbar!**", sagte Mrs Hope. „Ich melde mich in sechs Wochen bei Ihnen. Dann ist Miss Sprudel alt genug, um sich von ihrer Mutter zu trennen, und Sie können das Kätzchen bei uns abholen."

„Ich kann es kaum erwarten", entgegnete Mrs
Grantling. „**Oh**, beinahe hätte ich es vergessen:
Ich habe ein paar alte Spielsachen von Mr Whiskers für die Kätzchen mitgebracht." Sie wühlte in
ihrer großen Handtasche und holte zwei klim-
pernde Plastikbälle, eine Gummimaus und ein
Spieltau heraus.

„Damit werden sie Spaß haben", sagte Mrs Hope. Sie setzten die Kätzchen auf den Behandlungstisch und sahen zu, wie sie auf wackeligen Beinchen mit den Sachen spielten und nach ihren Schwänzen jagten. Amelie und Sam passten auf, dass sie nicht zu nah an die Tischkante kamen.

„Das sind aber **abenteuerlustige Kätzchen**", stellte Mrs Grantling begeistert fest.

Mrs Hope nickte. „Sam und Amelie kümmern sich sehr gut um sie. Die beiden gewöhnen die Kleinen an Streicheleinheiten und an den Umgang mit Menschen."

Amelie wurde vor Freude ganz warm. Sam und sie grinsten sich an. „Vielleicht lassen uns die Hopes eines Tages doch in der Tierklinik aushelfen", dachte sie.

„Wir werden auch für die beiden anderen Kätz-

chen noch ein Zuhause finden, Mrs Hope", sagte
Amelie überzeugt. „**Versprochen!**"

Mrs Hope lächelte. „Ich bin mir sicher, dass ihr
das werdet."

Von der anderen Seite der Tür ertönten ein
Winseln und ein dumpfes Geräusch. Mrs Hope
öffnete die Tür: Vor ihr stand Mac. Der junge
Hund zerrte an der Leine, die Julia am anderen
Ende festhielt.

„**Tut mir leid**", sagte die Klinikhelferin. „Ich
habe mit Mac gespielt, aber er will unbedingt
wissen, was hier drinnen vor sich geht."

Amelie betrachtete die Spielsachen der Kätz-
chen. Dann griff sie nach dem Spieltau. „Mrs
Grantling, wären Sie einverstanden, wenn wir
Mac dieses Spielzeug überlassen?"

„**Aber natürlich!**"

Amelie wedelte mit dem Tau vor Macs Nase herum.

Der kleine Hund sprang hoch und schnappte es sich. Dann ließ er sich auf den Boden fallen und fing glücklich an, auf dem Seil herumzukauen. Dabei wedelte er so heftig mit dem Schwanz, als würde dieser gleich abfallen.

„Das Seil gefällt ihm",
stellte Julia lachend fest.

Sam strahlte. „Wir haben
endlich ein Spielzeug gefunden, auf dem
er gerne herumkaut!" Er streichelte Mac glücklich
über den Kopf. „Mama und Papa werden bestimmt sehr erleichtert sein. Hoffentlich hört er jetzt
endlich auf, auf den Schuhen anderer Leute herumzukauen."

Der Rest der Woche verging wie im Flug und
schon bald war es Freitagabend. Amelie saß an
dem gemütlichen Fensterplatz in ihrem Zimmer.
Isa und Sam hockten auf Amelies Bett und ihre
Schlafsäcke lagen schon für die Übernachtungs-

party bereit. Mac hatte sich in seinem Körbchen zusammengerollt und sah schläfrig zu ihnen hoch.

„Flora ist nun viel fröhlicher", erzählte Isa und lächelte glücklich. „Seit Poppy und Rosi bei uns sind, hat sie kein einziges Mal auf ihrer Pfote gekaut. Und der neue Stall ist für alle drei Kaninchen einfach **perfekt!**"

„Das ist **toll**", sagte Amelie.

Sie griff nach dem Glas mit Limonade, das auf ihrem Schreibtisch stand, und ihr Blick fiel auf ihre Hausaufgabe. Verdutzt erkannte sie, dass ihr gemaltes Traumhaus genauso aussah wie das Haus, in dem sie hier in Welford lebte.

Es hatte die gleiche rote Eingangstür, dasselbe schräge Dach, die hängenden Blumentöpfe mit Stiefmütterchen und den großen Weißdornbusch vor der Veranda.

Amelie lächelte. Sie vermisste ihr altes

119

Zuhause und ihre alten Freundinnen manchmal noch, aber in diesem Augenblick war sie in ihrem neuen Zuhause überglücklich.

„Und das Beste hier ist", dachte Amelie, „dass die *Tierklinik Pfötchen* gar nicht weit weg ist."

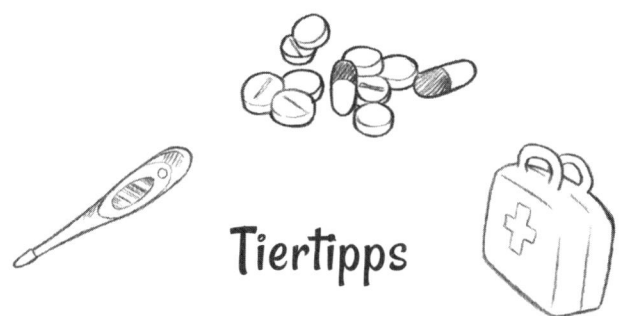

Tiertipps

Liebst du Tiere so sehr wie Amelie und Sam? Hier sind ein paar Tipps, wie du dich am besten um Tiere kümmerst.

Tierpflege

1. Tiere brauchen immer **frisches Wasser**.

2. Sie brauchen auch **Futter** –
frage deinen Tierarzt, welches
Futter das richtige ist und wie viel
das Tier benötigt.

3. Manche Tiere, so wie Hunde, brauchen
jeden Tag genug **Bewegung**.

4. Tiere brauchen auch viel **Liebe**. Du solltest
immer sehr lieb zu deinem Haustier sein und
darauf achten, dass du nichts tust, was es
verletzen könnte.

Wann zum Tierarzt?

Manchmal werden Tiere krank. So wie
du werden sie meistens von allein
wieder gesund. Aber wenn sich dein

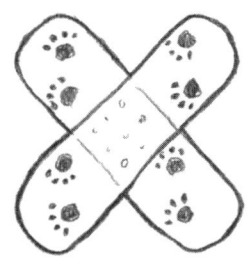 Haustier **verletzt** hat oder es ihm schlecht geht, musst du mit ihm zum **Tierarzt** gehen. Manche Tiere müssen auch **geimpft** werden, damit sie keine schlimmen Krankheiten bekommen. Dein Tierarzt kann dir erklären, was dein Haustier braucht.

Wildtieren helfen

1. Frage immer zuerst einen Erwachsenen um Erlaubnis, bevor du dich einem fremden Tier näherst.
2. Wenn du einen verletzten Vogel oder ein anderes Tier findest, das sich nicht bewegen kann, fasse es nicht an.

3. Wenn du dir Sorgen um das Tier machst, kannst du dich an den **Naturschutzbund** (NABU) wenden.

Band 1
978-3-7432-0543-7

Band 3
978-3-7432-0545-1

Band 4
978-3-7432-0546-8

Band 5
978-3-7432-0942-8

Das will ich lesen!